COLLECTION Hoschedé. —

TABLEAUX

MODERNES

PARIS
IMPRIMERIE DE JULES CLAYE
RUE SAINT-BENOIT
—
1875

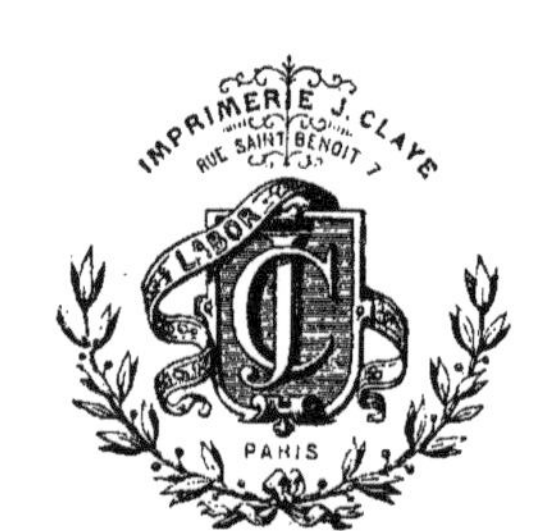
IMPRIMERIE J. CLAYE
RUE SAINT BENOIT 7
LABOR
PARIS

TABLEAUX

MODERNES

***

Hier a eu lieu à l'hotel Drouot la vente des tableaux de la collection H..., que nous avions annoncée. Il y avait un nombre considérable d'amateurs. Voici les prix obtenus par les principaux tableaux :

Jules Dupré. — *Un Marais dans les Pyrénées*, 12,500 fr.

J.-F. Millet. — *Les Glaneuses*, 12,100 fr.

A. de Neuville. — *Combat sur une voie ferrée*, 11,500 fr. Ce tableau, payé 30,000 fr. l'année dernière, a été racheté par le vendeur.

Corot. — *Chemin de ma maison à Ville-d'Avray*, 9,000 fr.

Corot. — *La Chaumière*, 8.000 fr.

A. Stevens. — *Le Bain*, 7.806 fr.

Corot. — *L'Etang de Ville d'Avray*, 6,700 fr.

— *Les Bruyères*, 5.900 fr.

Tassaert. — *La Jeune fille au lapin*, 5,900 fr.

G. Courbet. — *Une Demoiselle des bords de la Seine*, 5,600 fr.

Le groupe de Bartholdi, *Otia pacis*, a été adjugé à 2,000 fr.

Le total de la vente s'est élevé à 227,265 fr., ce qui a été considéré comme un résultat malheureux.

***

COLLECTION H...

TABLEAUX
MODERNES

VENTE

HOTEL DROUOT, SALLE N° 8

Le Mardi 20 Avril 1875

A DEUX HEURES

COMMISSAIRE-PRISEUR	EXPERT
Me CHARLES PILLET	M. DURAND-RUEL
10, rue de la Grange-Batelière, 10	16, rue Laffitte, 16

EXPOSITIONS

PARTICULIÈRE	PUBLIQUE
Le Dimanche 18 Avril 1875	Le Lundi 19 Avril 1875
DE 1 HEURE 1/2 A 5 HEURES	DE 1 HEURE 1/2 A 5 HEURES 1/2

CE CATALOGUE SE DISTRIBUE A PARIS

CHEZ

Me CHARLES PILLET	M. DURAND-RUEL
COMMISSAIRE-PRISEUR	EXPERT
10, rue de la Grange-Batelière	Rue Laffitte, 16

CONDITIONS DE LA VENTE

Elle sera faite au comptant.

Les acquéreurs payeront *cinq pour cent* en sus des enchères, applicables aux frais.

Prix du Catalogue illustré : 30 francs.

Une collection de tableaux modernes composée par un homme de goût qui ne se laisse guider en ses choix que par de sincères prédilections, lentement accrue d'acquisitions faites pour la plupart au grand jour des Salons annuels, épurée peu à peu des séductions parfois éphémères de la première heure, soumise à l'infaillible épreuve d'une cohabitation prolongée, acquiert, à la longue, un rare et précieux privilége, elle prend à tout le moins un grand caractère d'unité. — Telle nous apparaît la collection de M. H...

Les œuvres de trente artistes y avaient été admises et conservées. On peut dire que ces artistes sont vraiment et par excellence des *peintres*.

Tous, sans conteste, se montrent dans leur art soumis à l'empire d'une même préoccupation dominante. Leur souci, non exclusif, mais capital, c'est le métier, la facture, l'outil; ce sont les qualités techniques, les mille ressources de la brosse et du couteau à palette, les puissances de la pâte, chez les uns; chez les autres, l'harmonieuse justesse des valeurs, les modulations du ton, les énergies des colorations expressives.

Voilà ce qui me permet d'insister sur ce mot « peintre », de le spécialiser, et de répéter que ces hommes dont les noms, presque tous illustres, ont signé les soixante-huit tableaux de M. H..., sont *peintres* pour le moins autant qu'*artistes*.

Cette particularité très-intentionnelle détermine à première vue le caractère essentiel de cette galerie. Pour le définir avec plus de précision, il faut ajouter cependant que de ces peintres, tout enthousiastes qu'ils soient des virtuosités du procédé, il n'en est pas un qui ait par système dédaigné le sujet, l'idée, la conception intellectuelle, la signification de l'œuvre d'art.

Si l'on était tenté de conclure de notre première affirmation à un tel abandon, ne suffirait-il pas de signaler la présence de seize tableaux de Corot pour dissiper tous les doutes à cet égard?

Quel homme, en effet, plus que celui dont notre école française porte le grand deuil, a su faire servir la science profonde des moyens, déguisés sous une délicieuse et trompeuse naïveté, à l'expression de ce sentiment absolument moderne, datant d'un siècle à peine, l'amour de la nature!

Je vois là quatorze paysages et deux figures de ce maître, qu'un autre maître contemporain ne craint pas de proclamer « l'un des plus grands et peut-être le plus grand peintre du siècle ».

Nous convoquons hardiment à l'exposition qui aura lieu le 18 et le 19 avril, à l'hôtel Drouot, non-seulement les admirateurs du génie de Corot, mais ceux-là mêmes et surtout ceux-là qui, jugeant sur une vision trop rapide des œuvres secondaires du généreux artiste, ont pu se laisser tromper à de certaines apparences de similitude. La vue de ces quatorze paysages sera pour tous une éclatante démonstration de l'inépuisable variété que ce charmeur a su mettre dans les formules de l'intelligente et pénétrante et délicate adoration que lui inspiraient les tendresses, les grâces, les enchantements, les douceurs infinies dont la nature est prodigue à qui sait la voir et l'aimer.

Il y a là, dans la gamme simple, d'incomparables chefs-d'œuvre. Si parfois dans ses paysages composés, — comme *Macbeth, le Dante, Saint Sébastien,* — Corot a fait vibrer une corde d'un ton plus haut, la corde d'airain des sentiments héroïques, je ne sais point dans son œuvre de pages d'une saveur d'intimité plus exquise, plus amoureuse, plus délicatement originale que ces tableaux catalogués sous les noms de la *Chaumière,* la *Dune,* les *Bruyères,* le *Ruisseau,* ces quatre diamants sans tache, *Marcoussy,* l'*Allée verte,* la *Route blanche, Matin d'été,* ces quatre perles.

Nous pouvons suivre le maître, à l'aide de ces douze

toiles, dans les plus diverses expressions de son talent, depuis cette œuvre de haute recherche et de style, la *Madeleine pénitente*, depuis les fortes études du milieu de sa vie au lac Nemi (*Au bord de l'eau*), jusqu'aux adorables élégances qu'il rencontrait sur les chemins de France, à Semur, à Givet, et qu'il sut vers la fin trouver partout sous ses pas, autour de lui, en ces douces collines, en ce doux étang de Ville-d'Avray, qui éveillaient en lui toujours la même fraîcheur et la même candeur d'impressions.

Étudierai-je ici les procédés de Corot? C'est un point sur lequel j'aime surtout à entendre les hommes du métier. Et précisément je lisais dans l'*Événement* du 23 mars dernier une très-remarquable étude d'un peintre doué lui-même d'un mâle et vigoureux talent. Je parle de M. Gustave Colin, l'auteur du *Vallon dans les Pyrénées* de la collection H... M. Colin, dont je voudrais citer tout l'article, redit ceci sous toutes les formes : « Corot eut l'instinct de l'harmonie comme pas un. Il jouait avec les demi-tons, distribuait la lumière en maître, nuançait ses valeurs avec une sûreté parfaite. L'enveloppe générale doit toujours dominer, jamais il ne l'oublia. Le moindre écart dans l'accord saisissait son œil. Il enseigna la science des valeurs toute sa vie, et il lui dut de n'avoir jamais signé un bout de toile qui ne fût intéressant. »

Les deux autres Corot de la même collection sont des figures : la *Femme à la fontaine* et la *Fillette*. Que dit encore M. Colin de cette face du talent de Corot : « Il a peint des figures en grand nombre. C'est en les regardant qu'on peut juger surtout de l'importance, de la justesse des valeurs. Incorrectes parfois, ces figures, quoique simplement colorées, sont d'une puissance incroyable. »

Dans quel milieu Corot nous est-il ici présenté? Quels sont les paysages qu'on a pu faire figurer auprès des siens?

Lesquels? — Cet admirable *Marais* de Jules Dupré que Faure (ce maître dans un autre art), qui l'a possédé, nommait si bien la *Symphonie*.

Quels encore? — *La Prairie* de Daubigny, si puissante dans ses tonalités de vert, rendues plus intenses encore par les taches rousses des vaches laitières; — la *Roche d'Ornans* de Courbet et cinq autres de ces paysages de Franche-Comté, où Stendhal a encadré les étranges amours de son Julien Sorel; — cinq tableaux de Chintreuil, ce très-digne, très-hardi et très-doux disciple de Corot; Chintreuil qui a osé, plus que Corot lui-même, être sincère dans ses traductions littérales des audacieux effets pittoresques que se permettent en leurs caprices les brumes, les rosées, les nuées traversées de lumières; Chintreuil, dont les *Prés de Millemont*, la *Plaine de Mulcent*, le *Verger fleuri*, les *Fonds d'Igny* et le *Vieux Port de Boulogne* sont autant de notes d'art capitales dans l'œuvre du peintre.

J'ai déjà nommé le *Vallon* de M. Gustave Colin. Karl Daubigny, Lépine, Moullion complètent par la personnalité de leur talent la série des paysages proprement dits.

Mais à côté d'eux, voici les peintres de l'eau : Clays, le vigoureux Flamand épris de l'Escaut, le fleuve aux eaux lourdes; J. Héreau, Boudin, Lansyer, Courant et encore Courbet, qui fixent chacun avec un sentiment individuel si marqué, les multiples aspects de nos ports et de nos plages de la Manche.

A Feyen-Perrin, ce délicat, la vie des côtes a inspiré deux belles œuvres, l'une d'une si parfaite élégance, l'autre d'un charme si touchant : *La Famille du Pêcheur* et les *Vanneuses de Cancale.*

Nos peintres vont de grand cœur d'ailleurs à la vie populaire. Comment s'en étonner? L'aisance du geste y est telle et en si parfait accord avec la nature!

Voyez les *Glaneuses* de J.-F. Millet, cette variante célèbre du célèbre tableau de 1857. Bien des fois, le grand peintre des paysans l'a repris ce motif; jamais il n'y a mis tant de finesse et de force, de délicatesse et de puissance. C'est là un des tableaux de Millet, qu'admirent eux-mêmes ceux qu'éloignent les aspects violents et parfois sauvages de son art. En ce chef-d'œuvre, le maître se fait moins farouche, plus accessible, plus humain, sans rien perdre de sa grandeur d'expression.

De même ici, Tassaert, le peintre des tristes misères de nos cités, la faim, la volupté, le mysticisme, Tassaert en cette petite page, la *Jeune Fille au lapin*, a pour une fois renoncé au drame poignant. Il a peint la jolie fillette, l'enfant du peuple en une heure d'honnête repos non inquiété par l'appréhension de la faim. Quel aimable prétexte aux savantes manœuvres de ce pinceau magistral!

Je le rapproche, ce tableau charmant, de cette autre

œuvre si justement renommée, les *Petits Cuisiniers* de Ribot et de la *Jeune Fille au chien*, du *Vieux Pêcheur*, où le même maître a imprimé la forte empreinte de ce talent que peuvent méconnaître les académies, mais qui aura toujours pour lui les amateurs passionnés de la belle et puissante peinture. A tout ce qu'elle touche, la brosse de Ribot donne l'éternelle vie de l'art. Avec trois poules, il fait un chef-d'œuvre que se disputeront les grandes collections de l'avenir.

De la même famille est encore Vollon, le peintre du *Plat d'or*, et Servin, le peintre du *Cochon*, et Pille, le peintre de l'*Intérieur flamand*, trois œuvres également connues, également appréciées par tous ceux qui goûtent quelque plaisir à suivre sur une toile les merveilleuses souplesses d'une facture large et grasse.

Dans le même ordre d'idées, je dois encore revenir à Courbet dont on verra des figures d'une exceptionnelle qualité : la *Dormeuse*, et plus encore la *Femme couchée* qui est l'étude sur nature de la *Femme au perroquet*. La tête, la poitrine, le ventre sont modelés sans artifices d'oppositions ni de contrastes, dans la lumière diffuse également répartie sur l'ensemble des chairs, par reflets pénétrant dans les demi-teintes et dans les ombres qui demeurent ainsi légères et transparentes. Cependant, s'il est un morceau de Courbet plus extraordinaire encore, c'est assurément le tableau intitulé : *Une des Demoiselles des bords de la Seine*. Tout amateur qui a suivi les Salons annuels depuis vingt ans a gardé le souvenir du Salon de 1857 où Courbet avait envoyé ses *Demoiselles des bords de la Seine*. Nous retrouvons ici l'une des deux figures que le peintre avait si brutalement couchées dans l'herbe de la rive. C'est la « demoiselle » au chapeau de paille. L'ombre du chapeau se découpe avec une fluidité incomparable sur le haut du visage, réservant toutes les vigueurs de la coloration et les solidités de la technique pour le reste de la figure. Il n'est pas de tableau qui réunisse à un plus haut degré les puissantes qualités du maître d'Ornans.

C'est également dans la collection de M. H... que se trouvent les deux tableaux les plus remarqués et les plus remarquables de Gustave Jundt, ce fantaisiste spirituel, amusant, personnel et peintre entre tous. On se souvient de ses *Iles du Rhin* du Salon de 1869 et du *Denier de sainte Anne* du dernier Salon, deux toiles d'égale et de grande importance qui semblent rapprochées comme à plaisir pour témoigner de la variété, de la souplesse, de l'adresse, de la grâce et de l'ingéniosité malicieuse dont est formé le talent de l'excellent artiste.

L'Enfant de M. Michetti est, dans une tout autre donnée, une œuvre également pleine de charme.

A ces idylles de la vie rustique, voulons-nous une opposition, elle nous est fournie par un tableau du dernier Salon, celui qui obtint le plus grand succès de curiosité et de sympathie auprès du public. J'ai nommé le *Combat sur une voie ferrée*, par M. Alphonse de Neuville. Dans ce genre très-spécial, Horace Vernet n'a certes jamais poussé plus loin que ne le fait M. de Neuville, la vérité des attitudes, la justesse du mouvement et du geste, la fougue de l'inspiration, la précision de l'effet, non plus que la générosité du sentiment patriotique. Cette grande page représente une des plus nobles expressions de la vie moderne.

La vie moderne a aussi des côtés plus doux et qui ont leurs interprètes. Ils devaient trouver place dans la collection de M. H... : Maxime Claude, par exemple, le peintre sans rival des élégantes chevauchées, des fines amazones et des cavaliers devisant au pas allongé des chevaux de race sous le couvert des grands parcs : tout un aspect de l'existence mondaine que nul encore n'avait fixé.

Mais une des surprises de cette exposition, un imprévu qui suffirait à y amener tous les amateurs, c'est qu'on y rencontrera deux tableaux d'un grand artiste qui n'a pas exposé à Paris depuis bien des années. Je parle de M. Alfred Stevens.

M. Stevens, qui interprétait avec une délicatesse d'observation si raffinée et une si rare distinction de palette les grâces, l'intelligence, la beauté, les mutineries, les coquetteries, le goût charmant de la Parisienne, s'était maintenu jusqu'en ces derniers temps dans les proportions du tableau de chevalet. Aujourd'hui, en homme qui, étant arrivé à une acquisition déterminée dans son art, la prend aussitôt pour point de départ d'une acquisition nouvelle, il agrandit, il élève le cercle de son effort.

Sans se détourner du milieu moderne où, le premier, il a porté une main d'artiste, et bien que poursuivant toujours cet insaisissable protée de la beauté féminine, telle que nous l'adorons, M. Stevens ne craint plus d'ajouter à son interprétation toute la richesse expressive du nu et de la nature reproduite dans l'exacte réalité de ses proportions.

La femme moderne, c'est son ancien thème; le nu de la femme moderne, c'est le nouveau.

Avec quel tact et quel sens profond des convenances de l'art il se meut dans des conditions si rares, si hardies, on en jugera à l'exposition de la galerie de M. H... qui possède deux de ces tableaux du maître,

Décrire les sujets adoptés par A. Stevens, c'est risquer d'en donner l'idée la plus fausse.

Dans l'un, la *Coquette,* il nous montre une jeune femme. Une fleur en ses tresses dénouées, le cou nu, les épaules nues sous le flot de ses cheveux épars, les bras également nus, vêtue de fine batiste, accoudée au dossier d'un fauteuil de velours vert, elle sourit à l'image de sa beauté reflétée par la glace d'une psyché.

L'autre tableau est intitulé *le Bain.* Comment M. Alfred Stevens a-t-il compris ce motif que les peintres d'histoire reproduisent journellement sans éveiller le moindre scrupule dans l'opinion? — Stevens a représenté une jeune femme blonde et d'une rare beauté... Où? comment? — Tout simplement plongée jusqu'à la poitrine dans une baignoire en zinc avec ses accessoires familiers, notamment le robinet de cuivre en cou de cygne, le porte-montre, etc., etc. — La jolie dame tient d'une main nonchalante une rose dont le doux parfum accompagne la rêverie où l'a jetée la lecture d'un in-octavo à couverture jaune et aux feuilles fraîchement coupées.

A s'en tenir à ces rapides indications, on pourrait penser que ces deux œuvres sont du pire réalisme. Rien de plus fin, de plus doux, de plus élégant, de plus distingué, au contraire; je dirais volontiers de plus noble! La distinction est dans l'attitude, l'élégance dans les formes nues, la douceur et la finesse dans le charme discret de cette intimité dévoilée par un art absolument supérieur.

Alfred Stevens peint la femme de notre temps comme les Grecs ont modelé la femme antique. Il n'y met point plus de façons, il y apporte la même simplicité savante, la même sincérité et le même amour passionné de ce qui est et sera éternellement beau, éternellement aimé et adoré.

C'est une admirable peinture aussi que la *Tête de jeune femme*, par Ricard, que M. H... avait acquise à la vente de Théophile Gautier. Et le portrait de Ricard par lui-même montre bien toutes les ressources de ce virtuose toujours à la recherche du rare en son art.

N'y avait-il donc dans la galerie de M. H..., que les belles expressions de la nature, de la vie rustique, de la vie populaire et de la vie mondaine que nous avons énumérées? Nullement. Une part y était faite aussi à des formes d'art empruntées à un ordre de sentiments plus désintéressés de l'immédiate réalité.

Tel est notamment le *Calvaire*, de M. Élie Delaunay, exposé au Salon de 1870; — tel encore le tableau de la *Vierge*, *l'Enfant Jésus et Saint Jean*, réduction du grand tableau exposé par M. Ferdinand Humbert au Salon de 1874 ; — telle est enfin l'*Éducation d'Achille*, cette merveilleuse esquisse d'un des pendentifs de la Bibliothèque du Corps législatif, une des conceptions les plus parfaites, les plus hautes, les plus nobles, les plus héroïques qu'ait enfantées le génie d'Eugène Delacroix.

Et c'est précisément par un mot de Delacroix que je veux achever de préciser le caractère de la collection formée par M. H...

Les amateurs de « découpures » n'ont rien à voir ici.

ERNEST CHESNEAU.

DÉSIGNATION

DÉSIGNATION

BOUDIN (Eugène)

Né à Honfleur.

1. — Le Port de Brest.

Salon de 1869.

H., $0^{m},85$. L., $1^{m},20$.

Dessiné par A. Robaut.
Héliogravure A. Durand.

CHINTREUIL (Feu Antoine)

Né à Pont-de-Vaux (Ain),
le 5 mai 1814, mort à La Tournelle-Septeuil, près Mantes, le 10 août 1873.
Méd. 1867, ✻ 1870.

2. — Prés sur la lisière du parc de Millemont.

Avec les fonds de Thoiry, soleil du matin au mois de juin, verdure éclatante.

Exposé à l'École des Beaux-Arts en 1874.

Figure sous le n° 392 au *Catalogue général de l'Œuvre de Chintreuil.*

H., $0^{m},35$. L., 0^{m} 72.

Gravé par A. Taïée.

CHINTREUIL

3. — **La Plaine de Mulcent au temps de la fenaison.**

Faneuses au premier plan; plus loin, voiture chargée de foin; ciel mouvementé avec percée de soleil; 1870.

Exposé à l'École des Beaux-Arts en 1874.

Figure sous le n° 393 au *Catalogue général de l'Œuvre de Chintreuil.*

H., 0^{m},50. L., 1^{m},00.

Gravé par Paul Roux.

CHINTREUIL

4. — **Le Verger fleuri, par une belle journée de printemps.**

Des enfants grimpent aux branches d'un pommier; 1872.

Exposé à l'École des Beaux-Arts en 1874.

Figure sous le n° 402, au *Catalogue général de l'Œuvre de Chintreuil.*

H., 0^{m},60. L., 1^{m},00.

Gravé par A. Taïée.

CHINTREUIL

5. — Les Fonds d'Igny au printemps.

Coupe de bois.

Exposé à l'École des Beaux-Arts en 1874.

Figure sous le n° 118 au *Catalogue général de l'Œuvre de Chintreuil.*

H., 0^{m},64. L., 0^{m},84.

Gravé par L. Desbrosses.

CHINTREUIL

6. — Le vieux Port de Boulogne à marée basse.

Effet du matin, 1872.

Exposé à l'École des Beaux-Arts en 1874.

Figure sous le n° 458 au *Catalogue général de l'Œuvre de Chintreuil.*

H., 0^{m},38. L., 0^{m},61.

Gravé par A. Taïée.

CLAUDE (Jean-Maxime)

Né à Paris, élève de Galland, médaillé aux Salons de 1866, 1869 et 1872.

7. — Souvenir de Rotten-Row à Londres.

Salon de 1872.

H., 0m,26. L., 0m,53.

Gravé par Lerat.

CLAYS (Pierre-Jean)

Né en Belgique. Méd. 2e classe, 1867 (E. U.).

8. — L'Escaut.

H., 0m,60. L., 0m,90.

Gravé par Feyen-Perrin.

COLIN (Gustave)

Né à Arras.

9. — Le Vallon (Pyrénées).

H., 0^{m},53. L., 0^{m},67

Gravé par Pierdon.

COROT (Feu Jean-Baptiste-Camille)

Né à Paris, élève de V. Bertin.
Médaille 2e classe 1833, ✱ 1846; médailles 1re classe 1848 et 1855;
médaille 2e classe 1867 (E. U.), O. ✱ 1867.
Mort à Paris, le 22 février 1875.

10. — La Chaumière.

(Arleux du Nord).

H., 0^{m},45. L., 0^{m},60.

Gravé par Brunet-Debaines.

COROT

11. — Les Bruyères.

H., 0^{m},32. L., 0^{m},48.

Gravé par Brunet-Debaines.

COROT

12. — La Dune.

(Dunkerque, octobre 1873).

H., 0^{m},37. L., 0^{m},67.

Gravé par Waltner.

COROT

13. — L'Allée verte.

H., 0^{m},55. L., 0^{m},38.

Gravé par Marcellin de Groiseilliez.

COROT

14. — Marcoussy.

H., 0^{m},46. L., 0^{m},55

Gravé par Maxime Lalanne.

COROT

15. — L'Étang de Ville-d'Avray.

H., 0^{m},54. L., 0^{m},84.

Gravé par Maxime Lalanne.

COROT

16. — La Femme à la fontaine.

H., 0^{m},64. L., 0^{m},43.

Gravé par Courtry.

COROT

17. — La Fillette.

H., 0m,34. L., 0m,24.

Gravé par Martial.

COROT

18. — Le Ruisseau.

Environs de Montbard (Bourgogne).

H., 0m,63. L., 0m,82.

Gravé par Martial.

COROT

19. — Matin d'été.

H., 0m,48. L., 0m,64.

Gravé par H. Toussaint.

COROT

20. — La Route blanche.

(Saintry, près de Corbeil).

H., 0^{m},50. L., 0^{m},61.

Gravé par Brunet-Debaines.

COROT

21. — Le Chemin de la maison de Corot à Ville-d'Avray.

H., 0^{m},57. L., 0^{m},81.

Gravé par Boëtzel.

COROT

22. — Au bord de l'eau.

(Lac Nemi, 1843.)

H., 0^{m},60. L., 0^{m},91.

Dessiné par Alf. Robaut.
Héliogravure Amand Durand.

COROT

23. — Le Chemin de l'Église.

(Semur).

H., 0^{m},41. L., 0^{m},32.

Dessiné par A. Robaut.
Héliogravure A. Durand.

COROT

24. — Environs de Givet.

(Ardennes, 1873).

H., 0^{m},35. L., 0^{m},54.

Dessiné par A. Robaut.
Héliogravure A. Durand.

COROT

25. — Madeleine pénitente.

(Paysage historique).

H., 0^{m},59. L., 0^{m},73.

Dessiné par A. Robaut.
Héliogravure A. Durand.

COURANT (Maurice-Francis-Auguste)

Né au Havre (Seine-Inférieure),
élève de M. Meissonier. — Médaillé en 1870.

26. — Matinée d'été.

Marine.

Salon de 1874.

H., 0^{m},54. L., 0^{m},67.

Dessiné par A. Robaut.
Héliogravure A. Durand.

COURBET (Gustave)

Né à Ornans (Doubs). — Méd. 2e classe 1849; Rap. 1857 et 1861.

27. — Une des Demoiselles des bords de la Seine.

Première pensée du tableau exposé au Salon de 1857.

H., 0^{m},80. L., 1^{m},00.

Lithographié par A. Gilbert.

COURBET

28. — Le Dormoir au bord de la mer.

H., 0^{m},70. L., 0^{m},90.

Dessiné par A. Robaut.
Héliogravure A. Durand.

COURBET

29. — La Roche d'Ornans.

H., 0^{m},90. L., 0^{m},50.

Gravé par Martial.

COURBET

30. — Femme couchée.

Variante du tableau connu sous le titre de *La Femme au Perroquet.*

H., 0^{m},77. L., 1^{m},27.

Gravé par Waltner.

COURBET

31. — La Forêt en automne.

H., 0^{m},37. L., 0^{m},53.

Gravé par H. Saffrey.

COURBET

32. — La Grotte humide.

H., 0^{m},50. L., 0^{m},60.

Gravé par H. Toussaint.

COURBET

33. — La Dormeuse.

H., 0^{m},46. L., 0^{m},38.

Gravé par Lucien Berthault.

COURBET

34. — Vue de Franche-Comté.

H., $0^{m},42$. L., $0^{m},64$.

Gravé par M. de Groiseilliez.

COURBET

35. — Une Trombe sur la côte.

H., $0^{m},64$. L., $0^{m},80$.

Dessiné par A. Robaut.
Héliogravure A. Durand.

COURBET

36. — Le Ruisseau de Plaisirs-Fontaine, (Doubs).

H., $0^{m},64$. L., $0^{m},80$.

Dessiné par A. Robaut.
Héliogravure A. Durand.

COURBET

37. — Une Clairière.

H., 0^m,40. L., 0^m,64.

Dessiné par A. Robaut.
Héliogravure A. Durand.

DAUBIGNY (Charles-François)

Né à Paris.
Méd. 2e classe 1848, 1re classe 1853, 3e classe 1855, Rap. 1re classe 1857 et 1859, ✻ 1859, méd. 1re classe 1867 (E. U.).

38. — La Prairie.

H., 0^m,33. L., 0^m,58.

Gravé par Masson.

DAUBIGNY (Karl-Pierre)

Né à Paris, élève de son père. — Méd. 1868 et 1874.

39. — Bords de l'Oise.

H., 0m,45. L., 0m,82.

Dessiné par A. Robaut.
Héliogravure A. Durand.

DELACROIX (Eugène)

Né à Charenton (Seine) élève de Pierre Guérin,
mort à Paris en 1863.

40. — L'Éducation d'Achille.

Esquisse de l'un des pendentifs de la bibliothèque du Corps législatif.

A figuré à l'Exposition organisée au profit des Alsaciens-Lorrains, en 1874, au Palais du Corps législatif.

H., 0m,23. L., 0m,32.

Gravé par Lucien Berthault.

DELAUNAY (Jules-Élie)

Né à Nantes, élève de Hippolyte Flandrin et de Lamothe, prix de Rome 1856.
Méd. 1859, 1863, 1865, méd. 2e classe 1867 (E. U.), ✻ 1867.

41. — Le Calvaire.

Salon de 1870.

H., 0^{m},26. L., 0^{m},22.

Gravé par Martial.

DUPRÉ (Jules)

Né à Nantes; méd. 2e classe 1833, ✻ 1849, méd. 2e classe 1867 (E. U.), O ✻ 1870.

42. — Un Marais dans les Basses-Pyrénées.

H., 0^{m},71. L., 1^{m},00.

Gravé par Gaucherel.

FEYEN-PERRIN (François-Nicolas-Augustin)

Né à Bey-sur-Seille (Meurthe-et-Moselle), élève de MM. L. Cogniet et Yvon; méd. 1865, 1867, 1874.

43. — Vanneuses de Cancale.

Salon de 1869.

H., 1^{m},30. L., 0^{m},80.

Gravé par Masson.

FEYEN-PERRIN

44. — La Famille du Pêcheur.

H., 1^{m},30. L., 0^{m},80.

Gravé par Masson.

HÉREAU (Jules)

Né à Paris ; méd. 1865 et 1868.

45. — La Tamise près de Billingsgate, à Londres.

Salon de 1874.

H., 1^{m},00. L., 1^{m},50.

Gravé par J. Héreau.

HÉREAU (Jules)

46. — L'Arrivée des bateaux de pêche à l'Epy de la Houle, dans la baie de Cancale.

Salon de 1869.

H., 0^{m},93. L., 1^{m},30.

Gravé par Masson.

HUMBERT (Ferdinand)

Né à Paris, élève de Picot et de MM. Cabanel et Fromentin.
Méd. 1866, 1867 et 1869.

47. — La Vierge, l'enfant Jésus et saint Jean-Baptiste.

Réduction du tableau exposé au Salon de 1874.

H., 0m,80. L., 0m,45.

Gravé par M. Waltner pour la *Gazette des Beaux-Arts*.

HUMBERT (Ferdinand)

48. — Messaoûda.

Variante et réduction du tableau exposé au Salon de 1869.

H., 0m,50. L., 0m,65.

Gravé par François Flameng.

JUNDT (Gustave)

Né à Strasbourg, élève de Drolling et de M. Biennoury.
Méd. 1868 et 1873.

49. — Le Denier de sainte Anne.

Salon de 1874.

H., 1^{m},32. L., 2^{m},00.

Gravé par Courtry.

JUNDT (Gustave)

50. — Les Iles du Rhin.

Salon de 1869.

H., 1^{m},32. L., 2^{m},00.

Gravé par Martial.

LANSYER (Emmanuel)

Né à l'Ile-Bouin (Vendée), élève de MM. E. Viollet-le-Duc et Harpignies; méd. en 1865, 1869 et 1873.

51. — La Baie de Douarnenez.

H., 0^{m},39. L., 0^{m},59.

Gravé par Henri Lefort.

LÉPINE (Stanislas)

Né à Caen, élève de Corot.

52. — La Seine devant Saint-Denis.

Salon de 1869.

H., 0^{m},40. L., 0^{m},90.

Dessiné par Alfred Robaut.
Héliogravure Amand Durand.

MICHETTI

53. — L'Enfant.

H., 0m,18. L., 0m,10.

Gravé par Michetti.

MILLET (Feu Jean-François)

Né à Gréville (Manche), mort à Barbizon en 1875.

54. — Des Glaneuses.

Variante du tableau exposé au Salon de 1857.

H., 0m,40. L., 0m,30.

Gravé par Courtry.

MOULLION (Alfred)

Né à Paris, élève de Delestre.

900. **55. — Les Blés.**

Salon de 1872.

H., 0^{m},77. L., 1^{m},50.

Gravé par Moullion.

NEUVILLE (Alphonse-Marie De)

Né à Saint-Omer (Pas-de-Calais), élève de Picot.
Méd. 1859, 1861, ✻ 1873.

11.500. **56. — Combat sur une voie ferrée. — Armée de la Loire, 1870-1871.**

Des mobiles viennent soutenir une attaque engagée par des chasseurs à pied.

Salon de 1874.

H., 1^{m},70. L., 2^{m},20.

Gravé par Lerat pour la *Gazette des Beaux-Arts*.

PILLE (Charles-Henri)

Né à Essômes (Aisne), élève de M. Barrias ; méd. en 1869 et 1872.

57. — Intérieur flamand au XVIIe siècle.

Salon de 1869.

H., 1m,00. L., 0m,80.

Gravé par Courtry.

RIBOT (Théodule-Augustin)

Né à Breteuil (Eure) ; méd. en 1864 et 1865.

58. — La Jeune Fille au chien.

H., 0m,70. L., 0m,60.

Gravé par Martial.

RIBOT (Th.)

59. — Le Vieux Pêcheur.

H., 0^{m},72. L., 0^{m},60.

Gravé par A. Gilbert.

RIBOT (Th.)

60. — Les Petits Cuisiniers.

H., 0^{m},70. L., 0^{m},60.

Reproduit par le procédé de pantotypie de Thiel aîné.

RIBOT (Th.)

61. — Les Poules.

H., 0^{m},39. L., 0^{m},46.

Gravé par Maxime Lalanne.

RICARD (Louis-Gustave)

Né à Marseille, mort à Paris en 1872.

62. — Portrait de l'artiste.

A figuré à l'exposition organisée en faveur des Alsaciens-Lorrains en 1874, et à l'exposition de l'œuvre du maître à l'École des Beaux-Arts.

H., 0^{m},55. L., 0^{m},45

Gravé par Lerat pour la *Gazette des Beaux-Arts.*

RICARD

63. — Tête de jeune femme.

Collection Théophile Gautier.

H., 0^{m},46. L., 0^{m},37.

Gravé par Courtry.

SERVIN (Amédée-Élie)

Né à Paris, élève de Drolling; méd. en 1867, 1869 et 1872.

64. — « Le Puits de mon charcutier; » intérieur.

Salon de 1869.

H., 1^m,00. L., 0^m,80.

Gravé par A. Servin pour la *Gazette des Beaux-Arts*.

STEVENS (Alfred)

Né à Bruxelles; méd. 3e classe 1853, 2e classe 1855 (E. U.); ✻ 1863, méd. 1re classe 1867 (E. U.), O ✻ 1867.

65. — Le Bain.

H., 0^m,73 L., 0^m,92.

Gravé par Léopold Flameng.

STEVENS (A.)

66. — La Coquette.

H., 0m, 55. L., 0m,70.

Gravé par Léopold Flameng.

TASSAERT (Nicolas-François-Octave)

Né à Paris, mort à Paris en 1874.

67. — La Jeune Fille au Lapin.

A figuré à l'exposition organisée en 1874 au bénéfice des Alsaciens-Lorrains.

H., 0,55. L., 0,45.

Reproduit par le procédé de pantotypie de Thiel aîné.

VOLLON (Antoine)

Né à Lyon; méd. 1865-1868-1869, ✻ en 1870.

68. — Le Plat d'or.

Raisins, pêches, orfévrerie.

H., 0m,82. L., 1m,05.

Gravé par Victor Leclaire.

SCULPTURE

BARTHOLDI (Auguste)

Né à Colmar. ✻ en 1864.

69. — *Otia pacis.*

Groupe en bronze. — Épreuve unique, Salon de 1868.

H., 0m,82. L., 1m,05.

PARIS. — J. CLAYE, IMPRIMEUR, 7, RUE SAINT-BENOIT. — [621]

www.ingramcontent.com/pod-product-compliance
Ingram Content Group UK Ltd.
Pitfield, Milton Keynes, MK11 3LW, UK
UKHW020444180726
13839UKWH00004B/1608

9 782329 491837